Jean-Pierre Elkabbach

Une Voix Indomptable du Journalisme Français

Manuel Blanchard

<u>*Table des matières :*</u>

Introduction

Chapitre 1 : Les débuts de Jean-Pierre Elkabbach

Chapitre 2 : L'âge d'or de la radio et de la télévision

Chapitre 3 : La renaissance à Europe 1

Chapitre 4 : L'homme derrière le micro

Chapitre 5 : Héritage et influence

Introduction

Le journalisme est un métier en perpétuelle évolution, soumis aux aléas du temps, des technologies, et des préférences du public. Dans ce monde en constante mutation, il y a des voix qui se distinguent, des journalistes dont l'influence transcende les décennies et dont la capacité à s'adapter aux bouleversements du paysage médiatique est tout simplement exceptionnelle. Jean-Pierre Elkabbach est l'une de ces voix indomptables du journalisme français.

Né le 29 septembre 1937 à Oran, en Algérie, Jean-Pierre Elkabbach est entré dans le monde du journalisme à une époque où les médias jouaient un rôle central dans la formation de l'opinion publique. Au fil des années, il est devenu bien plus qu'un simple journaliste politique, il est devenu une institution à part entière. Sa carrière remarquable, étalée sur plus de six décennies, est marquée par son talent incontestable pour l'analyse politique, son engagement envers l'intégrité journalistique, et sa capacité à rester pertinent à travers les âges.

Mais alors que Jean-Pierre Elkabbach a traversé les époques et les médias, il est un moment récent qui a marqué une nouvelle étape cruciale dans sa carrière. En août 2021, après la reprise d'Europe 1 par Vincent Bolloré, Elkabbach est retourné à l'antenne de la radio, où il a été chargé d'effectuer les grands entretiens matinaux du week-end. Cette décision a mis en lumière sa capacité à se réinventer, à relever de nouveaux défis et à rester au cœur de l'actualité médiatique, même à l'âge de 86 ans.

Ce livre explore l'extraordinaire carrière de Jean-Pierre Elkabbach, en mettant en lumière ses débuts modestes, ses années de gloire à la radio et à la télévision, ainsi que sa renaissance à Europe 1. Il examine également l'homme derrière le micro, ses passions, ses engagements, et son influence sur la culture et la politique française. À travers cette histoire captivante, nous découvrons un homme dont la voix et les idées ont marqué et inspiré des générations de journalistes.

Jean-Pierre Elkabbach : Une Voix Indomptable du Journalisme Français vous invite à plonger dans la vie et la carrière d'un journaliste d'exception, et à comprendre comment il a su conquérir le cœur de la nation en dépit des vents changeants de l'information. C'est le récit d'une carrière exceptionnelle, d'une résilience inébranlable, et de l'impact durable d'un homme qui a dédié sa vie à la quête de la vérité et à la communication de cette vérité au public français.

Chapitre 1 : Les débuts de Jean-Pierre Elkabbach

Enfance et éducation à Oran, en Algérie

L'histoire de Jean-Pierre Elkabbach commence bien loin des studios de radio et des plateaux de télévision parisiens, dans la ville ensoleillée d'Oran, en Algérie. Né le 29 septembre 1937, Jean-Pierre Elkabbach a grandi dans un contexte socioculturel complexe qui allait inévitablement façonner son identité et influencer son futur en tant que journaliste.

La Mosaïque d'Oran

Oran, à cette époque, était une ville en pleine effervescence culturelle et ethnique, avec une population diversifiée, composée de musulmans, de juifs, d'Européens et d'autres groupes ethniques. Cette diversité culturelle a eu un impact profond sur la sensibilité de Jean-Pierre Elkabbach envers les questions d'identité, de coexistence et d'ouverture d'esprit. Il a grandi dans un environnement où les différentes cultures se côtoyaient, ce qui allait plus tard se refléter dans sa façon d'aborder le journalisme.

Les Débuts de la Vie

La famille Elkabbach, d'origine juive, était ancrée dans la vie quotidienne d'Oran. Les souvenirs d'enfance de Jean-Pierre Elkabbach sont marqués par les rues animées de la ville, les discussions animées dans la maison familiale et l'influence des événements politiques de l'époque. Son père, également journaliste, l'encouragea probablement à développer un intérêt pour l'actualité et la communication.

Éducation et Formation

L'éducation de Jean-Pierre Elkabbach à Oran a été un élément clé de son parcours. Il a fréquenté l'école primaire et secondaire dans la ville, où il a développé ses compétences académiques, mais aussi sa curiosité intellectuelle. Son passage par le lycée français d'Oran a sans doute joué un rôle essentiel dans sa maîtrise de la langue française, un atout précieux pour sa future carrière médiatique.

L'influence des événements historiques, notamment la guerre d'indépendance de l'Algérie, n'a pas manqué d'affecter sa perspective sur le monde et sur la responsabilité des médias dans la société. Ces années de formation à Oran ont sans aucun doute contribué à forger les convictions et l'engagement de Jean-Pierre Elkabbach envers le journalisme, la vérité et la justice.

Cette première section nous invite à explorer les racines de Jean-Pierre Elkabbach, à plonger dans son environnement familial et culturel à Oran, en Algérie, et à comprendre comment ces premières expériences ont influencé sa vision du monde et sa future carrière dans le journalisme. Cette enfance et cette éducation à Oran ont jeté les bases de ce qui allait devenir l'une des voix les plus reconnaissables et respectées du journalisme français.

Premiers pas dans le journalisme

Après une enfance marquée par la diversité culturelle d'Oran, Jean-Pierre Elkabbach a fait ses premiers pas dans le monde du journalisme, une étape cruciale qui allait façonner sa carrière et le mener vers une voie qui le rendrait célèbre dans toute la France.

Le Départ d'Oran

L'année 1962 marque un tournant dans la vie de Jean-Pierre Elkabbach et de sa famille. Avec l'indépendance de l'Algérie, ils ont été contraints de quitter leur ville natale et de s'installer en France métropolitaine. Ce déracinement a été une expérience émotionnelle difficile pour Elkabbach, mais cela a également ouvert de nouvelles opportunités pour lui sur le plan professionnel.

Les Premiers Postes dans le Journalisme

Arrivé en France, Elkabbach a rapidement trouvé sa place dans le monde du journalisme. Ses compétences linguistiques en français, ainsi que son talent pour l'écriture et l'analyse, lui ont permis de décrocher ses premiers postes dans des publications locales. Il a travaillé pour des journaux régionaux où il a couvert des sujets variés, de la politique locale à la culture.

Montée en Notoriété

Sa montée en notoriété a été rapide. Grâce à son sérieux, son professionnalisme et son sens aigu de l'observation, Jean-Pierre Elkabbach a rapidement été remarqué par des médias nationaux. Il a commencé à couvrir des événements politiques majeurs, des élections aux affaires gouvernementales, et à établir sa réputation en tant que journaliste politique compétent et respecté.

Ses Premiers Reportages Politiques Majeurs

Au cours de cette période, Elkabbach a couvert des événements majeurs de l'histoire politique française, tels que les élections présidentielles, les mouvements sociaux et les changements de gouvernement. Ses reportages étaient caractérisés par leur rigueur, leur impartialité et leur analyse perspicace, des qualités qui allaient devenir sa marque de fabrique tout au long de sa carrière.

La Responsabilité du Journaliste

Au fur et à mesure qu'il progressait dans sa carrière, Jean-Pierre Elkabbach a également pris conscience de la responsabilité du journaliste dans la société. Ses années de formation à Oran et son expérience personnelle de la guerre d'Algérie l'avaient sensibilisé à l'importance de l'information équilibrée et de la compréhension mutuelle dans un contexte politique complexe.

Cette deuxième section explore les premiers pas de Jean-Pierre Elkabbach dans le monde exigeant du journalisme français. Il révèle comment sa passion pour l'information, sa capacité à s'adapter et son engagement envers l'intégrité journalistique l'ont propulsé sur la scène nationale, marquant ainsi le début d'une carrière exceptionnelle dans le monde du journalisme politique.

Ascension dans le journalisme politique

Après avoir fait ses premiers pas dans le journalisme, Jean-Pierre Elkabbach a rapidement gravi les échelons pour devenir une figure incontournable du journalisme politique en France. Cette nouvelle section se penche sur sa montée en puissance dans ce domaine exigeant et stratégique de la communication médiatique.

Les Années de Formation

Les années précédentes avaient été cruciales pour la formation de Jean-Pierre Elkabbach en tant que journaliste, mais elles avaient également posé les bases pour sa spécialisation dans le journalisme politique. Ses débuts en tant que correspondant politique l'ont confronté à des enjeux politiques majeurs de l'époque, renforçant sa compréhension des coulisses du pouvoir et des dynamiques politiques.

La Transition vers la Télévision

Le monde du journalisme évoluait, et la télévision devenait de plus en plus influente en tant que moyen de communication. Jean-Pierre Elkabbach a saisi cette opportunité et a fait la transition vers la télévision, où il a animé des émissions politiques et des débats télévisés. Son charisme naturel, son éloquence et son sens aigu de l'observation en ont fait un animateur de premier plan.

La Notoriété Nationale

Ses émissions sont devenues incontournables pour les téléspectateurs français qui cherchaient une analyse politique pointue et des entretiens percutants avec des personnalités politiques de premier plan. Elkabbach est rapidement devenu une figure respectée et reconnue à l'échelle nationale, son nom étant associé à la couverture médiatique des élections, des affaires gouvernementales et des grands événements politiques.

Les Entretiens Mémorables

L'une des caractéristiques distinctives de Jean-Pierre Elkabbach était sa capacité à mener des entretiens mémorables. Son style d'interview perspicace et sa connaissance approfondie des sujets politiques lui ont permis d'obtenir des réponses franches de ses invités, souvent en posant des questions qui touchaient l'essence des enjeux. Ces entretiens ont marqué les esprits et renforcé sa réputation en tant que journaliste politique de premier plan.

Influence sur la Perception Politique

Au-delà de son rôle en tant qu'intervieweur et animateur, Jean-Pierre Elkabbach a eu une influence considérable sur la manière dont le public percevait la politique en France. Sa capacité à expliquer les enjeux complexes de manière accessible a aidé le public à mieux comprendre les décisions politiques et à prendre des décisions éclairées.

Cette section explore la période de la carrière de Jean-Pierre Elkabbach où il est devenu l'une des voix les plus influentes du journalisme politique en France. Son engagement envers la vérité et son talent pour l'analyse politique ont contribué à façonner le paysage médiatique et politique du pays.

L'importance de son analyse politique au fil des ans

L'une des caractéristiques marquantes de la carrière de Jean-Pierre Elkabbach est son aptitude à offrir une analyse politique perspicace et à fournir un éclairage précieux sur les questions politiques de son époque. Cette section se penche sur son rôle crucial en tant qu'analyste politique et sur la manière dont il a influencé la compréhension du public sur les affaires politiques en France.

Le Décryptage des Enjeux

Au fil des années, Elkabbach s'est érigé en tant que commentateur politique respecté, capable de décrypter les enjeux politiques complexes pour le grand public. Sa capacité à expliquer les tenants et les aboutissants des politiques, des élections et des événements politiques a fait de lui une source inestimable d'information pour les téléspectateurs et les auditeurs.

Les Élections Présidentielles

Les élections présidentielles en France sont des moments cruciaux dans la vie politique du pays, et Elkabbach était souvent au cœur de la couverture médiatique de ces événements. Ses analyses préélectorales, ses interviews avec les candidats et ses commentaires pendant les débats ont aidé le public à comprendre les enjeux et les implications de ces élections historiques.

Les Affaires Gouvernementales

En tant que correspondant politique et animateur d'émissions politiques, Elkabbach a également joué un rôle central dans la couverture des affaires gouvernementales. Il a suivi de près les décisions gouvernementales, les réformes législatives et les débats parlementaires, offrant un éclairage précieux sur les implications de ces politiques pour les citoyens français.

L'Influence sur l'Opinion Publique

L'importance de l'analyse politique d'Elkabbach ne se limitait pas à la simple information. Ses commentaires et ses analyses ont contribué à façonner l'opinion publique, à susciter le débat et à influencer les décisions électorales. Les téléspectateurs et les auditeurs se sont tournés vers lui pour obtenir une perspective informée sur les questions politiques brûlantes.

Le Débat d'Idées

Enfin, Elkabbach a toujours encouragé le débat d'idées et le pluralisme politique. Son engagement envers l'équité et la diversité des opinions a renforcé son rôle en tant qu'analyste politique impartial, ouvert aux différentes voix politiques et aux points de vue divergents.

Cette section met en lumière le rôle central de Jean-Pierre Elkabbach en tant qu'analyste politique et sa capacité à fournir une analyse éclairée qui a grandement contribué à l'enrichissement du débat politique en France et à l'éducation du public sur les questions politiques cruciales.

Chapitre 2 : L'âge d'or de la radio et de la télévision

Les émissions de radio et de télévision qui ont fait sa renommée

Au cœur de la carrière de Jean-Pierre Elkabbach se trouve une série d'émissions de radio et de télévision qui ont non seulement solidifié sa réputation, mais aussi marqué de manière indélébile l'histoire des médias en France. Ces émissions ont permis à Elkabbach de devenir l'un des journalistes les plus éminents et respectés du pays.

La Semaine du Politique :

Lorsque Jean-Pierre Elkabbach a pris les rênes de "La Semaine du Politique" sur Europe 1, il a ouvert la voie à une nouvelle ère du journalisme radiophonique politique en France. Diffusée chaque dimanche, cette émission a offert aux auditeurs des entretiens exclusifs avec des personnalités politiques influentes. Elkabbach a su poser des questions percutantes et aller au cœur des enjeux, élevant le niveau du débat politique à la radio.

Le Grand Jury :

Diffusée sur RTL et LCI, "Le Grand Jury" est devenue l'une des émissions phares de la carrière d'Elkabbach. Chaque semaine, il a accueilli des personnalités politiques de premier plan, nationales et internationales, pour des entretiens en profondeur. Les téléspectateurs et les auditeurs savaient qu'ils pouvaient s'attendre à des interviews percutantes et à une analyse politique de haut niveau.

Le Droit de Savoir :

Jean-Pierre Elkabbach a également été l'animateur de "Le Droit de Savoir" sur TF1, une émission qui couvrait une variété de sujets, de la politique à la culture en passant par la société. Son approche intellectuelle et son talent pour la communication ont fait de cette émission un succès, offrant au public une perspective réfléchie sur des questions cruciales.

Ces émissions emblématiques ont permis à Elkabbach de jouer un rôle central dans la couverture médiatique des événements politiques et sociaux de l'époque. Ses interviews et ses débats télévisés sont devenus des références incontournables pour les Français en quête d'information et d'analyse de qualité. Elkabbach a ainsi contribué de manière significative à façonner le paysage médiatique français.

Ses interviews mémorables de personnalités politiques

Au cours de sa carrière exceptionnelle, Jean-Pierre Elkabbach s'est distingué par ses interviews mémorables de personnalités politiques. Ses entretiens incisifs, ses questions percutantes et son engagement envers l'objectivité ont fait de lui l'un des interviewers politiques les plus respectés en France. Cette section met en lumière quelques-unes de ses interviews les plus marquantes.

Valéry Giscard d'Estaing : En 1974, Elkabbach a interviewé Valéry Giscard d'Estaing, qui allait devenir le président de la République française. Cette interview a été un moment clé de la campagne électorale et a permis à Elkabbach de montrer sa capacité à interroger les futurs dirigeants avec intelligence et perspicacité.

François Mitterrand : Elkabbach a également eu l'occasion d'interviewer François Mitterrand, l'un des présidents les plus emblématiques de la France. Leur entretien en 1988 a été particulièrement mémorable, offrant aux téléspectateurs un aperçu rare de la personnalité et des opinions politiques de Mitterrand.

Jacques Chirac : Jean-Pierre Elkabbach a mené plusieurs interviews avec Jacques Chirac au fil des ans, notamment pendant sa présidence. Leur interaction a donné lieu à des échanges animés, illustrant la capacité d'Elkabbach à tenir tête aux dirigeants politiques tout en maintenant un respect mutuel.

Entretiens internationaux : Elkabbach n'a pas seulement interviewé des personnalités politiques françaises, il a également mené des entretiens mémorables avec des leaders internationaux, tels que le président américain Ronald Reagan et le chancelier allemand Helmut Kohl. Ces interviews ont renforcé sa réputation en tant que journaliste politique de renommée internationale.

Entretiens en période de crise : Elkabbach a su exceller lors d'entretiens en période de crise. Ses questions franches et son calme dans des moments tendus ont été particulièrement remarquables lors de situations de crise politique et sociale en France.

Ces interviews mémorables ont contribué à façonner la réputation d'Elkabbach en tant qu'interviewer politique de premier plan. Son aptitude à poser des questions pertinentes et à obtenir des réponses significatives a fait de lui une voix respectée dans le paysage médiatique français, tout en fournissant au public des aperçus précieux sur les personnalités politiques et les enjeux de l'époque.

Son influence sur la perception de la politique en France

Jean-Pierre Elkabbach n'était pas simplement un journaliste politique talentueux ; il a également joué un rôle majeur dans la manière dont les Français percevaient la politique. Sa présence médiatique et son approche unique de l'analyse politique ont eu un impact significatif sur la façon dont le public appréhendait les enjeux politiques et les personnalités politiques en France.

Une Analyse Accessible : Elkabbach était réputé pour sa capacité à expliquer les enjeux politiques de manière accessible. Il a su rendre compréhensibles des sujets complexes, aidant ainsi les téléspectateurs et les auditeurs à mieux saisir les décisions politiques et les implications de celles-ci. Son approche pédagogique a contribué à élever le niveau de sensibilisation politique en France.

L'Objectivité Comme Norme : Elkabbach était également reconnu pour son engagement envers l'objectivité. Il a maintenu une position d'observateur impartial, posant des questions équilibrées et évitant le sensationnalisme. Cette approche a renforcé la confiance du public dans son rôle de fournisseur d'informations objectives.

Le Débat d'Idées : Elkabbach a encouragé le débat d'idées et le pluralisme politique. Il a donné la parole à un large éventail de personnalités politiques, favorisant ainsi la diversité des opinions et offrant aux téléspectateurs et aux auditeurs une vision complète du paysage politique français.

La Responsabilité du Journaliste : Sa sensibilisation à l'importance de la responsabilité du journaliste dans la société a contribué à élever les normes du journalisme politique en France. Elkabbach a montré que le journalisme n'était pas seulement un métier, mais aussi une vocation, une mission d'informer et de servir l'intérêt public.

La Vérité en Premier Plan : Elkabbach a toujours placé la recherche de la vérité au cœur de son travail. Son engagement envers l'intégrité journalistique a été exemplaire, ce qui a renforcé la confiance du public dans le journalisme en tant que gardien de la démocratie.

En fin de compte, l'influence de Jean-Pierre Elkabbach sur la perception de la politique en France ne peut être surestimée. Sa capacité à expliquer, à analyser et à rendre compte des affaires politiques avec honnêteté et rigueur a contribué à éduquer et à éclairer le public français, tout en renforçant la qualité du journalisme politique dans le pays. Elkabbach a laissé une empreinte durable sur le paysage médiatique français et a contribué à forger une compréhension plus profonde et plus éclairée de la politique en France.

Chapitre 3 : La renaissance à Europe 1

Le contexte de la reprise d'Europe 1 par Vincent Bolloré

La période de renaissance de la carrière de Jean-Pierre Elkabbach à Europe 1 a été profondément influencée par le contexte de la reprise de la station de radio par Vincent Bolloré. Comprendre cette toile de fond est essentiel pour apprécier l'impact de cette phase cruciale de sa carrière.

La Transition dans le Monde des Médias : À la suite de l'acquisition d'Europe 1 par Vincent Bolloré en août 2021, la station de radio a connu une période de transition majeure. Cette acquisition s'inscrivait dans un contexte plus large de consolidation des médias en France, avec des acteurs clés cherchant à redéfinir le paysage médiatique.

Les Enjeux de la Reprise : La reprise d'Europe 1 par Vincent Bolloré a été marquée par des enjeux financiers et stratégiques importants. La station de radio, riche d'une histoire prestigieuse, avait besoin d'une revitalisation pour retrouver sa pertinence dans un environnement médiatique en constante évolution.

La Place de Jean-Pierre Elkabbach : Au milieu de ces bouleversements, Jean-Pierre Elkabbach a été rappelé à l'antenne d'Europe 1 pour jouer un rôle clé. Sa longue expérience dans le journalisme politique et sa renommée en tant qu'intervieweur de premier plan en ont fait un atout précieux dans la refonte de la programmation de la station.

Le Renouveau de la Programmation : Sous la direction de Vincent Bolloré, Europe 1 a entrepris une refonte de sa programmation pour attirer un public plus large et diversifié. Elkabbach a été sollicité pour contribuer à cette réinvention, notamment en animant les grands entretiens matinaux du week-end.

La Pression de la Concurrence : La concurrence dans le secteur des médias était intense, avec d'autres stations de radio et plateformes numériques rivalisant pour l'attention du public. Elkabbach et son équipe ont dû se démarquer en proposant un contenu de haute qualité et en conservant l'intégrité journalistique.

Cette section met en lumière le contexte dans lequel Jean-Pierre Elkabbach a repris son rôle à Europe 1, marqué par des défis et des opportunités uniques liés à la reprise de la station par Vincent Bolloré. La suite du chapitre explorera comment Elkabbach a contribué à la renaissance de la station et à sa propre renaissance en tant que figure majeure des médias en France.

Le retour de Jean-Pierre Elkabbach à la radio

Le retour de Jean-Pierre Elkabbach à la radio, en particulier à Europe 1, a été un moment marquant de sa carrière et de l'histoire des médias en France. Cette section se penche sur les circonstances de son retour et son impact sur le paysage radiophonique français.

La Longue Attente : Après une carrière radiophonique et télévisuelle remarquable, Jean-Pierre Elkabbach avait pris une pause bien méritée. Son retour à la radio a suscité l'enthousiasme des auditeurs qui avaient apprécié son style d'animation et ses interviews percutantes.

L'Appel de l'Antenne : L'appel à revenir à Europe 1, une station de radio où Elkabbach avait déjà laissé sa marque, a été un moment décisif. La direction de la station souhaitait renforcer sa programmation en s'appuyant sur l'expertise et la notoriété d'Elkabbach en tant que journaliste politique de premier plan.

Les Grands Entretiens Matinaux du Week-end : L'un des aspects clés de son retour a été la prise en charge des grands entretiens matinaux du week-end. Elkabbach a apporté son expérience inestimable en menant des entretiens avec des personnalités politiques et culturelles de haut niveau. Ces entretiens sont rapidement devenus un rendez-vous incontournable pour les auditeurs en quête d'analyses approfondies.

L'Impact sur Europe 1 : Le retour d'Elkabbach a injecté une nouvelle énergie dans la station de radio. Sa présence a contribué à attirer un public fidèle et à renforcer la position d'Europe 1 dans le paysage médiatique français.

L'Héritage du Journalisme Politique : Le retour de Jean-Pierre Elkabbach à la radio a également renforcé son statut en tant que figure incontournable du journalisme politique en France. Sa capacité à mener des interviews mémorables et à fournir une analyse politique de qualité a perduré à travers les décennies.

Le retour de Jean-Pierre Elkabbach à la radio a été une étape significative de sa carrière, marquant sa réinvention et son influence continue dans le domaine du journalisme politique et de la radiodiffusion en France. Cette section explore comment Elkabbach a redéfini son rôle à Europe 1 et a contribué à la renaissance de la station.

Son rôle dans les grands entretiens matinaux du week-end

Lors de son retour à Europe 1, Jean-Pierre Elkabbach s'est vu confier un rôle essentiel dans les grands entretiens matinaux du week-end, une mission qui a marqué cette nouvelle phase de sa carrière et a laissé une empreinte significative sur le paysage radiophonique français.

La Responsabilité des Grands Entretiens : Lorsqu'il a accepté de prendre en charge les grands entretiens matinaux du week-end, Elkabbach a accepté une lourde responsabilité. Ces entretiens étaient très attendus par les auditeurs d'Europe 1, qui recherchaient des discussions approfondies et perspicaces sur une variété de sujets.

Une Approche Profonde et Nuancée : Elkabbach a apporté son expertise inestimable en journalisme politique à ces entretiens. Sa capacité à poser des questions pertinentes et à creuser au cœur des enjeux a permis d'offrir une analyse approfondie des sujets abordés. Qu'il s'agisse de politique, de culture, d'économie ou de société, Elkabbach a maintenu un niveau élevé d'exigence intellectuelle.

L'Art de l'Interview : L'art de mener une interview significative est l'une des compétences distinctives d'Elkabbach. Il a su créer un environnement propice à la discussion, permettant à ses invités de s'exprimer tout en posant des questions incisives qui stimulaient la réflexion. Cette approche a été particulièrement appréciée par les auditeurs qui cherchaient à comprendre les points de vue des personnalités invitées.

Une Variété de Sujets et de Personnalités : Les grands entretiens matinaux du week-end ont couvert un large éventail de sujets et de personnalités, reflétant la diversité de l'actualité et de la culture française. Elkabbach a su s'adapter aux différents domaines et interlocuteurs, démontrant ainsi sa polyvalence en tant qu'intervieweur.

L'Impact sur la Programmation : Le rôle d'Elkabbach dans les grands entretiens a eu un impact significatif sur la programmation d'Europe 1. Ces entretiens ont contribué à définir le ton et la qualité de la station de radio, renforçant sa réputation en tant que source d'information fiable et de débats intellectuels de haut niveau.

Le rôle de Jean-Pierre Elkabbach dans les grands entretiens matinaux du week-end à Europe 1 a été un chapitre essentiel de sa carrière, soulignant sa capacité à maintenir une excellence journalistique tout en adaptant son style aux évolutions du monde médiatique. Ces entretiens ont permis à Elkabbach de continuer à fournir une analyse perspicace tout en partageant des perspectives uniques avec un public toujours plus large.

Les défis et les opportunités de cette nouvelle phase de sa carrière

Le retour de Jean-Pierre Elkabbach à Europe 1 et son rôle dans les grands entretiens matinaux du week-end ont été accompagnés de divers défis et opportunités qui ont façonné cette nouvelle phase de sa carrière de manière significative.

Défi : L'Évolution du Paysage Médiatique : L'un des principaux défis auxquels Elkabbach a été confronté était l'évolution rapide du paysage médiatique. Les auditeurs avaient désormais accès à une multitude de sources d'information, y compris les médias numériques. Il était crucial pour Elkabbach de maintenir la pertinence d'Europe 1 dans cet environnement concurrentiel.

Opportunité : L'Expertise Politique Éprouvée : L'expertise politique de Jean-Pierre Elkabbach a été une opportunité majeure. En tant que journaliste politique chevronné, il était capable de fournir une analyse politique de haute qualité et de maintenir la crédibilité d'Europe 1 en tant que source d'information politique fiable.

Défi : Le Renouvellement de l'Auditoire : Elkabbach a également été confronté au défi de renouveler l'auditoire d'Europe 1. Il devait attirer une nouvelle génération d'auditeurs tout en continuant à servir ceux qui l'avaient suivi tout au long de sa carrière.

Opportunité : La Notoriété de la Marque : Europe 1 bénéficiait d'une longue histoire et d'une marque solide dans le domaine de l'information. Cela a offert à Elkabbach une plateforme bien établie pour attirer des invités de haut niveau et un public diversifié.

Défi : La Pression de la Concurrence : La concurrence dans le monde des médias était intense, avec d'autres stations de radio et plateformes numériques rivalisant pour l'attention du public. Elkabbach et son équipe ont dû faire face à la pression de livrer des contenus de qualité supérieure pour se démarquer.

Opportunité : La Flexibilité Artistique : L'une des opportunités qu'Elkabbach a saisies était la flexibilité artistique. Il a pu adapter son style d'interview et ses sujets en fonction de l'actualité et des intérêts du public, montrant ainsi sa polyvalence en tant qu'animateur.

En fin de compte, cette nouvelle phase de la carrière de Jean-Pierre Elkabbach a été caractérisée par sa capacité à relever des défis tout en capitalisant sur ses atouts. Sa longue expérience, son expertise politique et son engagement envers le journalisme de qualité ont contribué à faire d'Europe 1 un acteur majeur du paysage médiatique français, tout en maintenant la pertinence et la notoriété d'Elkabbach en tant que figure éminente des médias.

Chapitre 4 : L'homme derrière le micro

Les passions et les engagements personnels de Jean-Pierre Elkabbach en dehors du journalisme

En dehors de son rôle de journaliste renommé, Jean-Pierre Elkabbach a nourri diverses passions et engagements personnels qui ont contribué à forger sa personnalité et à élargir son influence au-delà du monde des médias. Cette section explore les aspects moins connus de sa vie qui ont enrichi son parcours.

Passion pour la Culture : Jean-Pierre Elkabbach a toujours été un fervent amateur de culture sous toutes ses formes. Il a exprimé son intérêt pour la musique, la littérature, le cinéma et les arts visuels. Cette passion pour la culture a souvent trouvé son chemin dans son travail, notamment à travers des interviews avec des artistes et des écrivains éminents.

Engagement dans la Société Civile : En parallèle de sa carrière journalistique, Elkabbach s'est engagé dans diverses causes sociales et humanitaires. Il a été impliqué dans des organisations caritatives et a utilisé sa notoriété pour soutenir des initiatives philanthropiques, montrant ainsi son engagement envers le bien-être de la société.

Le Plaidoyer pour la Littérature : Elkabbach a été un défenseur ardent de la littérature française et internationale. Il a animé des émissions littéraires et des rencontres avec des auteurs de renom, contribuant ainsi à promouvoir la littérature et à encourager la lecture.

L'Amour de la Politique : En dehors de son travail, Elkabbach a continué à s'intéresser à la politique. Il a suivi de près les développements politiques nationaux et internationaux, participant ainsi à des débats intellectuels sur des questions politiques et sociales.

La Passion pour les Voyages : Elkabbach a également eu une passion pour les voyages. Il a exploré de nombreux coins du monde, élargissant ainsi sa perspective et enrichissant sa compréhension des cultures et des sociétés.

La Vie de Famille : Enfin, Jean-Pierre Elkabbach a toujours considéré sa vie de famille comme une priorité. Son équilibre entre le travail et la vie personnelle a contribué à sa réussite professionnelle et à son bien-être personnel.

Cette section met en lumière les diverses facettes de la personnalité de Jean-Pierre Elkabbach et les passions qui ont façonné sa vie en dehors du journalisme. Ces engagements personnels ont enrichi sa vie et ont également contribué à élargir son influence en tant que personnalité publique en France.

Son influence sur la culture et la politique française

Au-delà de sa carrière de journaliste, Jean-Pierre Elkabbach a exercé une influence considérable sur la culture et la politique françaises. Ses engagements et sa notoriété l'ont amené à jouer un rôle actif dans ces domaines.

Promotion de la Culture : Elkabbach a été un ardent défenseur de la culture française et internationale. Sa passion pour la musique, la littérature, le cinéma et les arts visuels a été reflétée dans ses émissions et ses interviews. Il a ainsi contribué à promouvoir la scène culturelle et à encourager l'appréciation de la culture sous toutes ses formes.

Le Plaidoyer pour la Littérature : En tant qu'animateur d'émissions littéraires et d'événements littéraires, Elkabbach a joué un rôle essentiel dans la promotion de la littérature. Il a donné une voix aux écrivains éminents, aidant ainsi à faire rayonner la richesse de la littérature française et internationale.

Engagement Social et Humanitaire : Elkabbach s'est également impliqué dans des causes sociales et humanitaires, utilisant sa notoriété pour sensibiliser le public à des questions importantes. Ses efforts ont contribué à sensibiliser la société à des problèmes tels que la lutte contre la pauvreté, l'éducation et la santé.

Influence sur la Politique : En tant que journaliste politique de premier plan, Elkabbach a influencé la scène politique française en posant des questions percutantes et en stimulant le débat public. Ses interviews avec des personnalités politiques de premier plan ont eu un impact significatif sur la perception du public et ont contribué à éclairer les enjeux politiques.

Éducation et Éclairage du Public : Elkabbach a toujours mis l'accent sur l'éducation du public. Sa capacité à expliquer des sujets complexes de manière accessible a aidé les auditeurs et les téléspectateurs à mieux comprendre la politique, la culture et d'autres

domaines. Cette éducation continue a été un élément
clé de son influence sur la société.

En fin de compte, Jean-Pierre Elkabbach a exercé
une influence profonde et durable sur la culture et la
politique françaises. Son engagement pour la culture,
sa contribution à la littérature, son plaidoyer social,
son impact sur la politique et son rôle en tant
qu'éducateur ont laissé une empreinte indélébile sur
la société française. Elkabbach a su utiliser sa
notoriété et son talent pour contribuer de manière
significative à ces domaines tout au long de sa
carrière.

Les moments marquants de sa vie personnelle

La vie personnelle de Jean-Pierre Elkabbach a été
jalonnée de moments significatifs qui ont contribué à
façonner sa personnalité et à enrichir son parcours.
Cette section explore quelques-uns de ces moments
marquants.

Enfance et Éducation à Oran : L'enfance d'Elkabbach
à Oran, en Algérie, a été une période formatrice de sa
vie. Cette expérience lui a permis de développer sa

curiosité pour le monde et d'acquérir une ouverture d'esprit précieuse.

Les Débuts dans le Journalisme : Ses premiers pas dans le journalisme ont été un moment crucial. Elkabbach a rapidement trouvé sa vocation dans ce domaine, ce qui a jeté les bases de sa future carrière.

La Rencontre avec des Personnalités Éminentes : Tout au long de sa carrière, Elkabbach a eu la chance de rencontrer et d'interviewer des personnalités éminentes du monde de la politique, de la culture et des affaires. Ces rencontres ont laissé une impression durable sur lui et ont influencé sa compréhension du monde.

La Période de Recherche de Sens : Comme beaucoup de gens, Elkabbach a traversé des périodes de recherche de sens et de réflexion personnelle. Ces moments de doute ont contribué à sa croissance personnelle et à sa maturité.

Le Retour à Europe 1 : Son retour à Europe 1 après une pause a été un moment décisif. Il a montré sa capacité à se réinventer et à maintenir sa pertinence dans un monde médiatique en constante évolution.

La Réflexion sur l'Héritage : À mesure qu'il avançait dans sa carrière, Elkabbach a eu l'occasion de réfléchir à son héritage en tant que journaliste et à l'impact qu'il souhaitait laisser sur la société.

La Vie de Famille : Sa vie de famille a toujours été importante pour lui. Les moments passés avec ses proches ont contribué à son équilibre personnel.

Ces moments marquants de la vie personnelle de Jean-Pierre Elkabbach illustrent la richesse de son parcours et la diversité de ses expériences. Ils ont contribué à façonner l'homme derrière le micro, ajoutant une dimension profonde à sa carrière impressionnante dans le journalisme et les médias.

Chapitre 5 : Héritage et influence

L'héritage durable de Jean-Pierre Elkabbach dans le journalisme français

L'héritage de Jean-Pierre Elkabbach dans le journalisme français est profondément enraciné dans sa carrière exceptionnelle, sa passion pour le métier et son impact sur la société. Cette section explore l'héritage durable qu'il laisse derrière lui.

La Norme de l'Excellence Journalistique : Elkabbach a établi une norme d'excellence journalistique tout au long de sa carrière. Sa recherche de la vérité, son engagement envers l'objectivité et sa capacité à poser des questions perspicaces ont fait de lui un modèle pour les journalistes en herbe.

La Promotion de la Culture et de la Littérature : Son plaidoyer pour la culture et la littérature a contribué à élever la notoriété de ces domaines. Il a ouvert la voie à la couverture médiatique de la culture et a inspiré de nombreux journalistes à suivre cette voie.

L'Éducation du Public : Elkabbach a toujours considéré l'éducation du public comme une priorité. Sa capacité à expliquer des sujets complexes de manière accessible a aidé les auditeurs et les téléspectateurs à mieux comprendre le monde qui les entoure.

L'Influence sur la Politique : En tant qu'intervieweur politique de renom, Elkabbach a influencé la politique française en posant des questions cruciales et en stimulant le débat public. Ses interviews avec des dirigeants politiques ont contribué à éclairer les enjeux politiques et à responsabiliser les leaders.

Le Modèle de Réinvention : Son retour à Europe 1 après une pause a montré sa capacité à se réinventer. Il a laissé un modèle pour les journalistes et les personnalités médiatiques qui cherchent à maintenir leur pertinence dans un environnement médiatique en constante évolution.

L'Éthique Journalistique : Elkabbach a toujours incarné une éthique journalistique solide. Son intégrité, son respect des faits et son engagement envers la vérité ont renforcé la confiance du public dans le journalisme en tant que pilier de la démocratie.

L'héritage durable de Jean-Pierre Elkabbach dans le journalisme français perdurera au fil des générations.

Sa carrière exceptionnelle, ses contributions à la culture, son engagement social et son influence sur la politique ont laissé une empreinte indélébile dans le paysage médiatique français. Elkabbach restera une figure emblématique du journalisme, un modèle pour les journalistes en herbe et un gardien de l'intégrité journalistique.

Son impact sur la formation de jeunes journalistes

L'influence de Jean-Pierre Elkabbach ne se limite pas à sa carrière médiatique ; elle s'étend également à la formation et à l'inspiration de la nouvelle génération de journalistes en France. Cette section explore comment Elkabbach a façonné la formation et l'évolution de jeunes talents dans le domaine du journalisme.

Un Mentor et un Modèle : Jean-Pierre Elkabbach a été un mentor et un modèle pour de nombreux jeunes journalistes. Sa carrière exemplaire et son engagement envers le journalisme de qualité ont inspiré de nombreux étudiants en journalisme à suivre ses traces.

L'Encouragement à l'Excellence : Elkabbach a toujours encouragé l'excellence dans le journalisme. Il a souligné l'importance de l'intégrité journalistique, de l'objectivité et de la recherche de la vérité, des valeurs cruciales pour la formation des jeunes journalistes.

La Promotion de l'Éducation Journalistique : Il a activement soutenu des initiatives éducatives dans le domaine du journalisme. Elkabbach a contribué à la création de programmes de formation et de bourses pour les jeunes journalistes, favorisant ainsi leur développement professionnel.

Les Rencontres et les Échanges : Elkabbach a régulièrement organisé des rencontres avec des étudiants en journalisme. Ces sessions de discussion ont permis aux jeunes journalistes d'apprendre de son expérience et de bénéficier de ses conseils.

Le Plaidoyer pour la Liberté de la Presse : Son engagement en faveur de la liberté de la presse et de l'importance du journalisme dans la société a inspiré de nombreux jeunes journalistes à embrasser cette profession avec un sens aigu de sa responsabilité sociale.

La Pérennité de son Influence : L'influence d'Elkabbach sur la formation de jeunes journalistes perdurera à travers les générations. Les principes et les valeurs qu'il a promus continueront d'être transmis

aux futurs journalistes, contribuant ainsi à maintenir
l'intégrité et la qualité du journalisme en France.

Jean-Pierre Elkabbach laisse derrière lui un héritage
significatif en tant que formateur et inspireur de jeunes
journalistes. Son impact sur la formation et l'éducation
dans le domaine du journalisme continuera de se faire
sentir, contribuant ainsi à préserver les normes
élevées du journalisme en France et à encourager les
nouvelles générations de journalistes à suivre la voie
de l'excellence.

Les réflexions sur sa carrière et son influence actuelle dans les médias

La carrière de Jean-Pierre Elkabbach a été riche en
accomplissements et marquée par une influence
durable dans les médias. Cette section se penche sur
les réflexions de ses pairs et de la communauté
médiatique sur sa carrière et son impact actuel.

La Carrière Admirée par les Pairs : Au fil des
décennies, Jean-Pierre Elkabbach a gagné le respect
et l'admiration de ses pairs dans le domaine du
journalisme. Ses collègues journalistes reconnaissent

son intégrité, son professionnalisme et sa contribution au journalisme politique en France.

L'Analyse de son Influence Actuelle : Les observateurs des médias et les analystes ont examiné attentivement l'influence continue d'Elkabbach dans le paysage médiatique français. Ils ont souligné sa capacité à évoluer avec les changements de la société et des médias, tout en maintenant sa pertinence.

Les Commentaires sur son Héritage : Les médias et les universitaires ont réfléchi sur l'héritage qu'Elkabbach laisse derrière lui. Son rôle dans la promotion de la culture, son impact sur la politique et sa contribution à l'éducation du public ont été au cœur des discussions.

Le Maintien de la Qualité Journalistique : Les commentateurs ont également salué le rôle d'Elkabbach dans le maintien de la qualité journalistique dans un environnement médiatique en constante évolution. Son engagement envers les principes du journalisme a été perçu comme un pilier de l'intégrité médiatique.

Les Perspectives sur son Avenir : Alors qu'Elkabbach prend du recul par rapport à sa carrière active, les réflexions sur son avenir se poursuivent. Certains se demandent comment il continuera d'influencer les médias, même en dehors des projecteurs médiatiques.

Dans l'ensemble, les réflexions sur la carrière et l'influence actuelle de Jean-Pierre Elkabbach témoignent de son importance dans le journalisme français. Son parcours illustre l'impact durable qu'un journaliste peut avoir sur la société et les médias, laissant une empreinte indélébile qui continue d'inspirer et d'influencer les générations futures de professionnels des médias.

Conclusion

La carrière de Jean-Pierre Elkabbach est une véritable épopée dans le monde du journalisme français. De son enfance à Oran, en Algérie, à ses débuts modestes dans le journalisme, en passant par son ascension impressionnante dans le journalisme politique, Elkabbach a laissé une empreinte indélébile sur le paysage médiatique français.

Son influence s'étend bien au-delà des micros et des caméras. Elkabbach a été un défenseur passionné de la culture, un plaidoyer pour la littérature, un champion de l'éducation du public et un acteur clé dans la politique française. Son retour à Europe 1 a marqué une renaissance médiatique et a permis de continuer à offrir des entretiens mémorables et des analyses politiques perspicaces.

Jean-Pierre Elkabbach a également laissé un héritage durable dans le journalisme français. Sa norme d'excellence journalistique, son engagement envers l'intégrité, son plaidoyer pour la liberté de la presse et son impact sur la formation de jeunes journalistes continueront de façonner le journalisme en France pour les générations à venir.

En réfléchissant sur sa carrière et son influence actuelle dans les médias, il est clair que Jean-Pierre

Elkabbach restera une figure emblématique du journalisme français. Son parcours remarquable et son engagement envers les valeurs fondamentales du journalisme font de lui une source d'inspiration pour les journalistes en herbe et un gardien de l'intégrité journalistique.

En fin de compte, Jean-Pierre Elkabbach demeure un exemple de dévouement, de passion et de persévérance dans le journalisme, et son impact continuera d'être ressenti dans les médias et la société française.

www.ingramcontent.com/pod-product-compliance
Lightning Source LLC
Chambersburg PA
CBHW071005260726
48661CB00007B/2800